KB100716

GSAT
삼성직무적성검사 모의고사

제 1 회			
영 역	수리영역, 추리영역	문 항 수	50문항
시 간	60분	비 고	객관식 5지 선다형

[수험자 유의사항]

1. 시험시작 1시간 전 모니터링 시스템에 접속해야 응시가 가능합니다.
2. 독립된 공간에서 혼자 응시합니다.
3. 필기구 이외의 다른 물품은 정리합니다.
4. 반려견 소리 등 다른 소음을 자제합니다.
5. 시험시간 내에 자리이탈 및 시험 외 행동은 금지합니다.
6. 부정행위가 적발될 경우에는 최대 5년 간 응시가 제한됩니다.

SEOWONGAK
(주)서원각

제 1 회 GSAT 삼성직무적성검사

📝 문항수 : 50문항
⏰ 시 간 : 60분

✎ **수리영역(20문항 / 30분)**

1. 甲이 가져온 소금 15g으로 10%의 소금물을 만들었다. 乙이 이것을 끓였더니 농도가 20%인 소금물이 되었다. 너무 짜서 물 15g을 더 넣었다. 몇 %의 소금물이 만들어 졌는가?

① 10%
② 13%
③ 15%
④ 17%
⑤ 19%

2. ○○가습기 A지점의 작년 한 해 동안의 전원 장치와 필터 수리 건수는 총 238건이다. 장비를 개선하여 올해의 전원 장치와 필터 수리 건수가 작년보다 각각 40%, 10%씩 감소하였다. 올해 수리 건수의 비가 5 : 3일 경우, 올해의 전원 장치 수리 건수는 몇 건인가?

① 102건
② 100건
③ 98건
④ 95건
⑤ 93건

3. 아이스링크장을 재정비하는데 갑 혼자 8시간이 걸린다. 처음부터 3시간까지는 갑과 을이 같이 청소하고, 그 이후에는 갑 혼자 3시간이 걸려 청소를 마쳤다. 다음 중 을의 작업량이 전체 작업량에서 차지하는 비율은?

① 10%　　② 15%
③ 20%　　④ 25%

4. 남자 탁구 선수 4명과 여자 탁구 선수 4명이 참가한 탁구 시합에서 임의로 2명씩 4개의 조를 만들 때, 남자 1명과 여자 1명으로 이루어진 조가 2개일 확률은?

① $\frac{3}{7}$
② $\frac{18}{35}$
③ $\frac{3}{5}$
④ $\frac{24}{35}$
⑤ $\frac{27}{35}$

5. A 과장은 △△카페에서 미팅 약속이 있다. 사무실에서 △△카페까지 시속 4km로 걸으면 약속시간보다 10분 늦게 도착하고, 시속 10km로 자전거를 타고 가면 약속시간보다 17분 일찍 도착할 때 사무실에서 △△카페까지의 거리는?

① $2km$
② $3km$
③ $4km$
④ $5km$
⑤ $6km$

6. 20문제가 출제된 승진시험에서 한 문제를 맞히면 3점을 얻고, 틀리면 2점을 감점한다고 한다. 예 사원이 20문제를 풀어 40점의 점수를 얻었을 때, 예 사원이 틀린 문제 수는?

① 2개
② 3개
③ 4개
④ 16개
⑤ 18개

7. 900원짜리 사과와 300원짜리 귤을 합하여 9개를 사고 4500원을 지불하였다. 이때 사과는 몇 개 샀는가?

① 1개   ② 2개

③ 3개   ④ 4개

⑤ 5개

8. 강대리가 농도가 20%인 소금물에서 물 60g을 증발시켜 농도가 25%인 소금물을 만든 후, 여기에 소금을 더 넣어 40%의 소금물을 만든다면 몇 g의 소금을 넣어야 하겠는가?

① 45g

② 50g

③ 55g

④ 60g

⑤ 65g

9. 다음은 은제가 운영하는 맞춤 의상 판매점에서 발생한 매출액과 비용을 정리한 표이다. 이에 대한 설명으로 옳은 것은?

(단위 : 만 원)

매출액		비용	
의상 판매	600	재료 구입	200
		직원 월급	160
의상 수선	100	대출 이자	40
합계	700	합계	400

※ 은제는 직접 의상을 제작하고 수선하며, 판매를 전담하는 직원을 한 명 고용하고 있음.

┌───┐
│ ㉠ 생산 활동으로 창출된 가치는 300만 원이다. │
│ ㉡ 생산재 구입으로 지출한 비용은 총 200만 원이다. │
│ ㉢ 서비스 제공으로 발생한 매출액은 700만 원이다. │
│ ㉣ 비용 400만 원에는 노동에 대한 대가도 포함되어 있다. │
└───┘

① ㉠㉡

② ㉠㉢

③ ㉡㉢

④ ㉡㉣

⑤ ㉢㉣

10. 다음 표는 소득 수준별 노인의 만성 질병수를 나타낸 것이다. 이에 대한 설명으로 올바르지 못한 것은?

질병 수 / 소득	없다	1개	2개	3개 이상
50만 원 미만	3.7%	19.9%	27.3%	33.0%
50 ~ 99만 원	7.5%	25.7%	28.3%	26.0%
100 ~ 149만 원	8.3%	29.3%	28.3%	25.3%
150 ~ 199만 원	10.6%	30.2%	29.8%	20.4%
200 ~ 299만 원	12.6%	29.9%	29.0%	19.5%
300만 원 이상	15.7%	25.9%	25.4%	25.9%

① 소득이 가장 낮은 수준의 노인이 3개 이상의 만성 질병을 앓고 있는 비율이 가장 높다.

② 모든 소득 수준에서 만성 질병의 수가 3개 이상인 경우가 4분의 1을 넘는다.

③ 소득 수준이 높을수록 노인들이 만성 질병을 전혀 앓지 않을 확률은 높아진다.

④ 월 소득이 50만 원 미만인 노인이 만성 질병이 없을 확률은 5%에도 미치지 못한다.

⑤ 소득 수준이 150 ~ 199만 원인 노인은 2개의 질병을 가지는 비율이 가장 높다.

11. 다음은 A ~ E사의 연간 신상품 출시 건수에 대한 자료이다. 조사 기간 동안 출시 건수가 가장 많은 회사와 세 번째로 많은 회사의 2019년 대비 2020년의 증감률을 차례대로 바르게 적은 것은?

	A사	B사	C사	D사	E사
2017	23	79	44	27	20
2018	47	82	45	30	19
2019	72	121	61	37	19
2020	127	118	80	49	20

① 2.48%, 31.15%

② − 2.38%, 30.15%

③ − 2.48%, 31.15%

④ 2.38%, 30.15%

⑤ 2.44%, 30.05%

12. 다음은 가구 월평균 가계지출액과 오락문화비를 나타낸 자료이다. 이에 대한 설명으로 옳지 않은 것은?

〈가구 월평균 가계지출액과 오락문화비〉

(단위 : 원)

	2014	2015	2016	2017	2018
가계지출액	2,901,814	2,886,649	2,857,967	3,316,143	3,326,764
오락문화비	126,351	128,260	129,494	174,693	191,772

※ 문화여가지출률=(가구 월평균 오락문화비÷가구 월평균 가계지출액)×100

① 2015년 가계지출액 대비 오락문화비는 4.5%에 미치지 않는다.

② 문화여가지출률은 2018년에 가장 높다.

③ 2017년 오락문화비는 전년보다 46,000원 증가했다.

④ 2015년과 2016년에는 전년대비 가계지출액이 감소했다.

⑤ 가계지출액과 달리 오락문화비는 비교기간 동안 매년 증가했다.

[13 ~ 14] 제주도의 수출에 대한 다음 자료를 보고 이어지는 물음에 답하시오.

〈연도별 수출 실적〉

(단위 : 천 달러, %)

구분		2019년	2020년
합계		128,994	155,292
1차 산품		68,685	61,401
	농산물	24,530	21,441
	수산물	41,996	38,555
	축산물	2,159	1,405
공산품		60,309	93,891

〈부문별 수출 실적〉

(단위 : 천 달러, %)

구분		농산물	수산물	축산물	공산품
2016년	금액	27,895	50,868	1,587	22,935
	비중	27.0	49.2	1.5	22.2
2017년	금액	23,905	41,088	1,086	40,336
	비중	22.5	38.6	1.0	37.9
2018년	금액	21,430	38,974	1,366	59,298
	비중	17.7	32.2	1.1	49.0
2019년	금액	24,530	41,996	2,159	60,309
	비중	19.0	32.6	1.7	46.7
2020년	금액	21,441	38,555	1,405	93,891
	비중	13.8	24.8	0.9	60.5

13. 위의 자료에 대한 설명으로 옳지 않은 것은?

① 2019년과 2020년의 수산물 수출실적은 1차 산품에서 60% 이상의 비중을 차지한다.

② 2016년 ~ 2020년 기간 동안 수출실적의 증감 추이는 농산물과 수산물이 동일하다.

③ 2016년 ~ 2020년 기간 동안 농산물, 수산물, 축산물, 공산품의 수출실적 순위는 매년 동일하다.

④ 비교 기간 동안 전체 수출실적은 매년 꾸준히 증가하였다.

⑤ 비교 기간 동안 꾸준한 증가추세를 보이는 것은 공산품 뿐이다.

14. 다음 중 2016년 대비 2020년의 수출실적 감소율이 가장 큰 1차 산품과 가장 작은 1차 산품을 순서대로 나열한 것은?

① 농산물, 수산물
② 축산물, 농산물
③ 수산물, 축산물
④ 수산물, 농산물
⑤ 축산물, 수산물

15. 다음은 A 자치구가 관리하는 전체 13개 문화재 보수공사 추진현황을 정리한 자료이다. 이에 대한 설명 중 옳은 것은?

(단위 : 백만 원)

문화재 번호	공사내용	사업비				공사기간	공정
		국비	시비	구비	합계		
1	정전 동문보수	700	300	0	1,000	2008. 1. 3 ~ 2008. 2.15	공사 완료
2	본당 구조보강	0	1,106	445	1,551	2006.12.16 ~ 2008.10.31	공사 완료
3	별당 해체보수	0	256	110	366	2007.12.28 ~ 2008.11.26	공사 중
4	마감공사	0	281	49	330	2008. 3. 4 ~ 2008.11.28	공사 중
5	담장보수	0	100	0	100	2008. 8.11 ~ 2008.12.18	공사 중
6	관리실 신축	0	82	0	82	계획 중	
7	대문 및 내부 담장공사	17	8	0	25	2008.11.17 ~ 2008.12.27	공사 중
8	행랑채 해체보수	45	45	0	90	2008.11.21 ~ 2009. 6.19	공사 중
9	벽면보수	0	230	0	230	2008.11.10 ~ 2009. 9. 6	공사 중
10	방염공사	9	9	0	18	2008.11.23 ~ 2008.12.24	공사 중
11	소방·전기 공사	0	170	30	200	계획 중	
12	경관조명 설치	44	44	0	88	계획 중	
13	단청보수	67	29	0	96	계획 중	

※ 공사는 제시된 공사기간에 맞추어 완료하는 것으로 가정함.

① 이 표가 작성된 시점은 2008년 11월 10일 이전이다.

② 전체 사업비 중 시비와 구비의 합은 전체 사업비의 절반 이하이다.

③ 사업비의 80% 이상을 시비로 충당하는 문화재 수는 전체의 50% 이상이다.

④ 국비를 지원 받지 못하는 문화재 수는 구비를 지원받지 못하는 문화재 수보다 적다.

⑤ 공사 중인 문화재사업비 합은 공사완료된 문화재사업비 합의 50% 이상이다.

16. 다음은 대중교통 이용자 중 주요도시별 1주간 평균 대중교통 이용횟수를 조사한 자료이다. 이를 바르게 해석한 것은?

주요도시별 1주간 평균 대중교통 이용횟수

(단위 : %)

	1회 ~ 5회	6회 ~ 10회	11회 ~ 15회	16회 ~ 20회	21회 이상
서울	27.2	38.1	18.8	7.5	8.5
부산	33.5	37.7	17.7	6.3	4.9
인천	38.8	36.4	13.5	5.1	6.3
대구	37.5	37.7	14.7	5.2	4.9
광주	39.0	40.7	14.0	3.9	2.4
대전	43.7	33.4	14.5	3.5	4.9

① 모든 지역에서 1주간 평균 6 ~ 10회 이용한 사람이 가장 많다.

② 대구, 광주, 대전에서 1주간 평균 11 ~ 15회 이용하는 사람이 1,000명 이상 차이나지 않는다.

③ 1주 동안 21회 이상 대중교통을 이용하는 사람의 비중이 가장 큰 곳은 서울이다.

④ 서울에서 1주간 대중교통을 16회 이상 사용하는 사람이 11회 ~ 15회 사용하는 사람보다 많다.

⑤ 광주에서 1주간 대중교통을 11 ~ 15회 이용한 사람이 서울에서 1주간 대중교통을 21회 이상 이용한 사람보다 많다.

[17 ~ 18] 다음은 2011년부터 2018년까지 전국 교통안전시설 설치현황에 관한 자료이다. 다음 물음에 답하시오.

(단위 : 천 개)

연도	안전표지					신호등		
	주의	규제	지시	보조	계	차신호등	보행등	계
2011	140	140	100	85	465	82	45	127
2012	160	160	110	100	530	95	50	145
2013	175	190	130	135	630	110	48	158
2014	190	200	140	130	660	115	55	170
2015	205	220	150	140	715	160	70	230
2016	230	230	165	135	760	195	80	275
2017	240	240	175	145	800	245	87	332
2018	245	250	165	150	810	270	95	365

17. 2013년 대비 2018년 안전표지 설치 중 증가율이 가장 높은 것은?

① 주의표지   ② 규제표지
③ 지시표지   ④ 보조표지
⑤ 알 수 없다.

18. 2018년 안전표지 중 주의와 규제표지의 합이 차지하는 비중은 얼마인가?

① 약 50%   ② 약 55%
③ 약 60%   ④ 약 65%
⑤ 약 70%

19. 다음의 투자안 A와 B의 투자 조건을 보고 매출량과 매출이익을 해석한 것으로 옳은 것은?

투자안	판매단가(원/개)	고정비(원)	변동비(원/개)
A	2	20,000	1.5
B	2	60,000	1.0

※ 매출액 = 판매단가 × 매출량(개)
※ 매출원가 = 고정비 + (변동비 × 매출량(개))
※ 매출이익 = 매출액 − 매출원가

① 매출량 증가폭 대비 매출이익의 증가폭은 투자안 A가 투자안 B보다 항상 작다.
② 매출량 증가폭 대비 매출이익의 증가폭은 투자안 A가 투자안 B보다 항상 크다.
③ 매출량 증가폭 대비 매출이익의 증가폭은 투자안 A와 투자안 B가 항상 같다.
④ 매출이익이 0이 되는 매출량은 투자안 A가 투자안 B보다 많다.
⑤ 매출이익이 0이 되는 매출량은 투자안 A와 투자안 B가 같다.

20. 다음은 종목별 자격시험 현황에 관한 자료이다. 주어진 자료에 대한 설명으로 옳지 않은 것은?

〈2020년 종목별 자격시험 현황〉

(단위 : 명, %)

	필기접수	필기응시	필기합격	필기합격률	실기접수	실기응시	실기합격
계	2,487,769	1,993,273	875,145	43.9	1,694,058	1,493,474	665,900
기술사	23,450	19,327	2,056	10.6	3,184	3,173	1,919
기능장	24,533	21,651	9,903	45.7	17,661	16,390	4,862
기사	476,572	345,833	135,170	39.1	247,097	210,000	89,380
산업기사	274,220	210,814	78,209	37.1	119,178	101,949	49,993
기능사	1,091,646	916,224	423,269	46.2	828,704	752,202	380,198

① 기능사 필기응시 인원이 전체 필기응시 인원의 50%에 못 미친다.
② 필기 접수자 중 기사 자격시험의 접수자가 가장 많다.
③ 필기시험 접수자 중에서 필기 미응시 인원은 기능사가 가장 많다.
④ 필기응시 인원이 가장 적은 시험이 실기 미응시 인원도 가장 적다.
⑤ 필기 합격인원이 가장 많은 시험이 합격률도 높다.

[21 ~ 23] 다음 짝지어진 단어 사이의 관계가 나머지와 다른 하나를 고르시오.

21.

① 음료 – 커피 – 주스
② 계절 – 가을 – 봄
③ 빵 – 크루아상 – 단팥빵
④ 일본 – 교토 – 나고야
⑤ 동물 – 포유류 – 사과

22.

① 공부 – 연구
② 지원 – 자원
③ 시조 – 원조
④ 끼니 – 식사
⑤ 사양 – 거절

23.

① 연필 – 자루
② 호랑이 – 마리
③ 실 – 타래
④ 북어 – 축
⑤ 고등어 – 손

[24 ~ 25] 제시된 단어와 같은 관계가 되도록 빈칸에 적절한 단어를 고르시오.

24.

공성신퇴 : 일겸사익 = 일반지은 : (   )

① 구로지은
② 일일삼추
③ 백중지세
④ 삼생가약
⑤ 삼순구식

25.

황순원 : 소나기 = 이상 : (   )

① B사감과 러브레터
② 소설가 구보씨의 일일
③ 봉별기
④ 병신과 머저리
⑤ 감자

[26 ~ 28] 다음의 사실이 전부 참일 때 항상 참인 것을 고르시오.

26.

• 꿈이 있는 자는 좌절하지 않는다. • 모든 사람이 대학생은 아니다. • 꿈이 없는 대학생은 없다.

① 대학생은 좌절하지 않는다.
② 꿈이 없는 사람은 없다.
③ 좌절하지 않는 모든 사람은 대학생이다.
④ 꿈이 없는 어떤 대학생이 있다.
⑤ 좌절하지 않는 대학생은 꿈이 없다.

27.

• 눈이 오는 날이면 영민이는 수정이를 생각한다. • 눈이 오는 날이면 혁찬이도 수정이를 생각한다.

① 영민이와 수정이는 눈이 오는 날 헤어졌다.
② 눈이 오는 날이면 수정이를 생각하는 사람이 있다.
③ 영민이는 눈이 오는 날에만 수정이를 만난다.
④ 수정이는 영민이와 혁찬이의 첫사랑이다.
⑤ 눈이 오는 날이면 영민이를 생각하는 사람이 있다.

28.

- 비가 오는 날은 복도가 더럽다.
- 복도가 더러우면 운동장이 조용하다.
- 운동장이 조용한 날은 축구부의 훈련이 없다.
- 오늘은 운동장이 조용하지 않다.

① 어제는 비가 오지 않았다.
② 오늘은 복도가 더럽지 않다.
③ 오늘은 오후에 비가 올 예정이다.
④ 오늘은 축구부의 훈련이 없다.
⑤ 축구부 훈련이 없는 날은 운동장이 조용하다.

29. A학교의 국어과, 수학과, 체육과, 영어과에는 이 선생, 최 선생, 정 선생, 강 선생이 근무한다. 다음 조건을 참고할 때, 최 선생은 어느 과인가? (네 사람은 각각 1명씩 네 개 교과의 선생님이다.)

- 이 선생은 체육과와 영어과 중 하나의 교과 담당이다.
- 최 선생는 수학과가 아니다.
- 정 선생과 강 선생은 국어과와 체육과가 아니다.

① 국어과   ② 수학과
③ 영어과   ④ 체육과
⑤ 수학과 혹은 체육과

30. 다음의 조건을 참고할 때, 세 번째에 앉아있는 사람은?

〈조건〉
㉠ 갑, 을, 병, 정, 무는 한 줄에 앉아있다.
㉡ 병 뒤에 한 명 이상이 앉아있다.
㉢ 을 바로 앞에 한 명이 앉아있다.
㉣ 을은 정의 앞쪽에 앉아있다.
㉤ 정은 가장 마지막에 앉아있다.
㉥ 갑은 병의 앞쪽에 앉아있다.
㉦ 무는 병의 뒤쪽에 앉아있다.

① 갑   ② 을
③ 정   ④ 병
⑤ 무

[31 ~ 34] 주어진 결론은 반드시 참으로 하는 전제를 고르시오.

31.

전제1 : 피아노를 잘 치는 사람은 노래를 잘한다.
전제2 : _____
결론 : 권이는 노래를 잘한다.

① 권이는 피아노를 잘 친다.
② 권이는 피아노를 배운다.
③ 원이는 권이와 피아노를 친다.
④ 원이는 권이 보다 피아노를 잘 친다.
⑤ 권이는 피아노를 배운 적이 없다.

32.

전제1 : A는 B의 어머니다.
전제2 : C는 D의 어머니다.
전제3 : _____
결론 : C는 B의 조모다.

① A와 C는 부부이다.
② D와 B는 사촌지간이다.
③ A와 C는 가족이 아니다.
④ D는 B의 아버지다.
⑤ B는 A의 딸이다.

33.

전제1 : 우택이는 영민이보다 키가 크다.
전제2 : _____
결론 : 우택이가 세 사람 중 가장 키가 크다.

① 우택이보다 키가 큰 친구도 있다.
② 대현이는 영민이보다 키가 작다.
③ 반에서 우택이의 키가 가장 작다.
④ 영민이는 반에서 키가 제일 크다.
⑤ 도현이는 영민이보다 키가 크다.

34.

전제1 : 장미를 좋아하는 사람은 감성적이다.
전제2 : _____
결론 : 장미를 좋아하는 사람은 노란색을 좋아한다.

① 노란색을 좋아하는 사람은 감성적이다.
② 감성적인 사람은 노란색을 좋아한다.
③ 감성적인 사람은 튤립을 좋아한다.
④ 노란색을 좋아하는 사람은 튤립을 좋아한다.
⑤ 감성을 대표하는 색이 있다.

35. 다음 조건을 읽고 옳은 것을 고르시오.

• 갑, 을, 병, 정은 각각 박물관, 대형마트, 영화관, 병원 중 한 곳에 갔다.
• 정은 영화관에 갔다.
• 병은 대형마트에 가지 않았다.
• 갑은 병원에 가지 않았다.
• 을은 박물관과 병원에 가지 않았다.

A : 정은 박물관에 갔다.
B : 갑은 대형마트에 갔다.

① A만 옳다.
② B만 옳다.
③ A와 B 모두 옳다.
④ A와 B 모두 그르다.
⑤ A와 B 모두 옳은지 그른지 알 수 없다.

36. 다음의 말이 전부 진실일 때 항상 거짓인 것을 고르시오.

• 석우는 3년 전에 24살이었다.
• 강준은 현재 2년 전 석우의 나이와 같다.
• 유나의 2년 전 나이는 현재 석우의 누나 나이와 같다.
• 선호는 석우의 누나와 동갑이다.

① 석우, 강준, 유나, 선호 중 강준이 가장 어리다.
② 석우는 현재 27살이다.
③ 선호는 유나와 2살 차이다.
④ 석우의 누나는 30살이다.
⑤ 유나의 나이가 가장 많다.

37. 가영, 나리, 다솜, 라임, 마야, 바울, 사랑 7명은 구슬치기를 하기 위해 모였다. 다음 조건에 따라 각각의 사람이 구슬을 가지고 있을 때, 다음 중 반드시 거짓인 것은?

• 다솜이 가지고 있는 구슬의 수는 마야, 바울, 사랑이 가지고 있는 구슬의 합보다 많다.
• 마야와 바울이 가지고 있는 구슬의 합은 사랑이 가지고 있는 구슬의 수와 같다.
• 바울이 가지고 있는 구슬의 수는 가영과 라임이 가지고 있는 구슬의 합보다 많다.
• 나리는 가영보다 구슬을 적게 가지고 있다.
• 가영과 라임이 가지고 있는 구슬의 수는 같다.
• 마야와 바울이 가지고 있는 구슬의 수는 같다.

① 사랑이 가지고 있는 구슬의 수는 바울이 가지고 있는 구슬의 수보다 더 많다.
② 가영이 가지고 있는 구슬의 수는 나리와 라임이 가지고 있는 구슬의 합보다 더 적다.
③ 사랑이 가지고 있는 구슬의 수는 가영, 라임, 마야가 가지고 있는 구슬의 합보다 더 적다.
④ 바울이 가지고 있는 구슬의 수는 가영, 나리, 라임이 가지고 있는 구슬의 합보다 더 많다.
⑤ 다솜이 가지고 있는 구슬의 수는 가영, 나리, 라임, 마야가 가지고 있는 구슬의 합보다 더 많다.

38. S사 사원 A, B, C, D, E, F, G 7명은 일요일부터 토요일까지 일주일에 1명씩 자재구매를 실시한다. 아래의 조건을 만족시키고, A가 월요일에 구매를 한다면, 다음 중 항상 거짓인 것은 무엇인가?

• C는 화요일에 구매한다.
• B 또는 F는 D가 구매한 다음 날 구매를 한다.
• G는 A가 구매한 다음날 구매할 수 없다.
• E는 B가 구매한 다음날 구매한다.

① G는 일요일에 구매할 수 있다.
② E가 토요일에 구매를 하면 G는 일요일에만 구매를 한다.
③ F가 일요일에 구매를 하면 G는 토요일에 구매를 한다.
④ D는 수, 목, 금 중에 구매를 한다.
⑤ F는 D보다 먼저 구매를 한다.

39. 김 과장은 오늘 아침 조기 축구 시합에 나갔다. 그런데 김 과장을 모르는 어떤 신입사원이 김 과장에게 급히 전할 서류가 있어 축구 시합장을 찾았다. 시합은 시작되었고, 김 과장이 선수로 뛰고 있는 것은 분명하다. 제시된 조건을 토대로 신입사원이 김 과장을 찾기 위해 추측한 내용 중 반드시 참인 것은?

- A팀은 검정색 상의를, B팀은 흰색 상의를 입고 있다.
- 양 팀에서 안경을 쓴 사람은 모두 수비수다.
- 양 팀에서 축구화를 신고 있는 사람은 모두 안경을 쓰고 있다.

① 만약 김 과장이 A팀의 공격수라면 흰색 상의를 입고 있거나 축구화를 신고 있다.
② 만약 김 과장이 B팀의 공격수라면 축구화를 신고 있다.
③ 만약 김 과장이 검정색 상의를 입고 있다면 안경을 쓰고 있다.
④ 만약 김 과장이 A팀의 수비수라면 검정색 상의를 입고 있으며 안경도 쓰고 있다.
⑤ 만약 김 과장이 공격수라면 안경을 쓰고 있다.

40. 다음 추론에서 밑줄 친 곳에 들어갈 문장으로 가장 적절한 것은?

- 사색은 진정한 의미에서 예술이다.
- 예술은 인간의 삶을 풍요롭게 만든다.
- 그러므로 _____

① 사색과 예술은 진정한 의미에서 차이가 있다.
② 사색은 인간의 삶을 풍요롭게 만든다.
③ 예술가가 되려면 사색을 많이 해야 한다.
④ 사색은 예술이 태어나는 모태가 된다.
⑤ 인간의 삶은 풍요롭게 만들기는 어렵다.

41. 다음의 조건이 모두 참일 때, 선우의 집과 미용실의 위치로 바르게 짝지어진 것은?

㉠ 진영, 선우, 세영이는 각각 마포, 용산, 신촌 중 각각 한 곳에 거주한다.
㉡ 진영, 선우, 세영이는 각각 마포, 용산, 신촌 중 각각 한 곳에 미용실을 다닌다.
㉢ 진영, 선우, 세영이는 모두 자신의 거주지와 미용실의 위치가 다르다.
㉣ 진영이는 지금 세영이의 미용실이 위치한 곳에 거주한다.
㉤ 세영이는 마포에 거주하지 않는다.
㉥ 세영이와 선우는 용산에 거주하지 않는다.
㉦ 진영이의 미용실이 위치한 곳은 마포이다.

	집	미용실
①	용산	신촌
②	신촌	용산
③	신촌	마포
④	마포	용산
⑤	마포	신촌

42. A, B, C, D 총 4명이 프리젠테이션을 하고 있다. 다음 조건이라면 가장 먼저 발표하는 사람은 누구인가?

- A는 B보다 먼저 한다.
- C는 D보다 먼저 한다.
- D는 A보다 먼저 한다.

② A ② B
③ C ④ D
⑤ 알 수 없다.

43. 제시된 조건을 읽고, 다음 중 항상 옳지 않은 것은?

- 신입사원 A, B, C, D, E, F, G는 인사부, 총무부, 관리부에 배치된다.
- 신입사원이 배치되지 않는 부서는 없다.
- C는 인사부에 배치되지 않는다.
- 관리부에는 신입사원 중 한 사람만 배치된다.
- F와 G는 함께 배치되는데, 인사부에는 배치되지 않는다.
- 인사부에는 신입사원 중 두 사람이 배치된다.
- A, B, C가 배치되는 부서는 모두 다르다.

① 총무부에 배치되는 신입사원은 4명이다.

② 배치되는 부서가 확실히 결정되는 사람은 한 사람뿐이다.

③ A와 F는 배치되는 부서가 서로 다르다.

④ E와 G는 배치되는 부서가 서로 같다.

⑤ C와 E는 총무부에 배치될 수 있다.

[44 ~ 45] 다음 '?'에 들어갈 도형으로 알맞은 것은?

44.

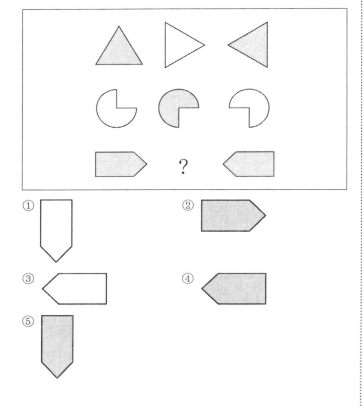

45.

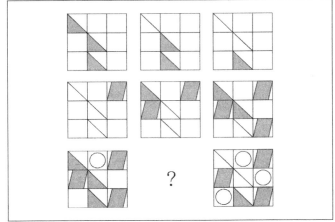

①   ②

③   ④

⑤

[46 ~ 48] 다음 제시된 도식 기호들(◎, ☆, ♥)은 일정한 규칙에 따라 문자들을 변화시킨다. 괄호 안에 들어갈 알맞은 문자를 고르시오.

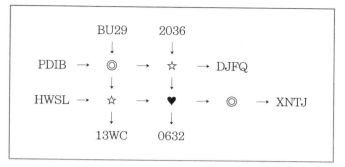

BU29   2036

PDIB → ◎ → ☆ → DJFQ

HWSL → ☆ → ♥ → ◎ → XNTJ

13WC   0632

46.

STCO → ♥ → ◎ → ( )

① CSTO   ② DUUQ

③ QUUD   ④ STOC

⑤ HNTQ

47.

ZMAY → ◎ → ☆ → ( )

① AZMY   ② YAMZ

③ ABOA   ④ AOBA

⑤ AYZM

48.

TEAB → ☆ → ♥ → ( )

① ATEB   ② TEAB

③ BAET   ④ EBAT

⑤ AETB

[49 ~ 50] 다음에 제시된 예를 보고 $와 !에 들어갈 도형으로 옳은 것을 고르시오.

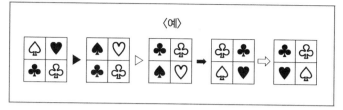

〈예〉

49.

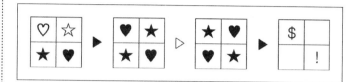

① ★ ♡

② ☆ ★

③ ★ ☆

④ ☆ ♥

⑤ ★ ★

50.

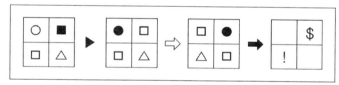

① ○ ▲

② ■ ○

③ ○ ■

④ ○ △

⑤ ■ △